der aufstand

von andré gunzinger

wabern
2014

der aufstand
ist all jenen gewidmet
denen noch nie
etwas
gewidmet worden ist

daniel costantino sei dank fürs lektorat

Herstellung und Verlag:
BoD - Books on Demand, Norderstedt
ISBN 978-3-7357-7546-7

bibelisches

ausschluss

wort
war
bestimmt nicht
das erste
wort

erst
als ein grüppchen
wörter
beisammen war
wurde dieses phänomen
benamst

stell ich mir vor

erste menschen

er
edam
sie
ava

edam
er
ava
sie

edamer
aphasie

wer was war

christ war jude
judas auch
heidi heidin
haydn christ
mustafa muselmann
mosimann nicht

altes testament

adam
erbt die
boa *madame*

ester
meinen akkutester

abraham
den stahlflachmann

rebekka
den reisewecker

mose
meine lederhose

hiob geb ich den rest

lot im lotus

ins auto
und auf die tube gedrückt:
weg!
nur weg!
weit weg!

die tachonadel
klettert in den rotbereich

rasant
schrumpft
gomorrha
im rückspiegel

nur nicht zurück schauen!
den blick immer schön auf die strasse!

schwindende ansprüche

ein paradies
ein paradieschen
ein paar radieschen

mülltrennung im altertum

asche

zu

asche

staub

zu

staub

matratzenbetrachtungen

moses
teilte
das
meer

jesus
das
brot

die
alliierten
teilten
deutschland

wir
teilen
immerhin
das
bett

atheistenwitz

jesus
war nicht
goethes sohn

neues testament

lazarus
erbt
den minibus

ein leprakranker
das bild von anker

barabbas
den kontrabass

herodes
mein attest des todes

der jüngste jünger
den biodünger

gottes sohn
meinen letzten lohn

bibeliprinz

wie klein moses
sitz ich
im korb
den Du mir gegeben hast
und treibe dahin

namentlich

fackeln

fackeln
fackeln
nicht

fackeln
brennen
oder
nicht

fackeln
fackeln
nicht

im ausverkauf

der
hellseher
sah
als
einziger
den
hellen
anzug

ein guter titel

der titel
dieses textes
heisst
» ein guter titel «

das ist
ein guter titel

» ein schlechter titel «
wäre
ein schlechter titel

daher
belass ich
den titel

der aufstand

lange
blieb
er
liegen

dann
stand
er
auf

was zwischen den zeilen steht

zeile

was

zeile

namentlich

    ruhm
  ist rühmlich
und schönheit
    schön

    mut
  ist mutig
und eigentum
eigentümlich

saunadialog

rentieren rentiere?
rentiere rentieren!

dienst am mitmenschen

nachdem *er* ihn
um die ecke gebracht hatte
brachte er ihn um
noch eine ecke

dort
hinterm haus
war ein blumiger garten

im auto

so lässig
wie Du fährst
ist
fahrlässig

schlecht hingehört

   platz dicksack
   platz dicksack

   plastiksack

die putzfrau

sie
ist
eine
grazie

sie
sagt
immer
grazie

polizeifax

bei
einbruch
der
dunkelheit
ist
diese
unverzüglich
festzunehmen

der versprecher

als ich dir
das
damals
versprochen hatte
hatte ich mich
versprochen

ehrenwort

der held

er

war

gross

und

artig

war

grossartig

schöne gesellschaft!

theolog

geolog

biolog

philolog

mytholog

kryptolog

podolog

ontolog

alle

logen

nur

vergissmeinnicht

ahnenregel

vorfahren
haben
stets
vorfahrt

selbst
von
links

kulinarisches

schwerelos, selbstlos

der alltourist
wird
altruist
indem er
im orbit
über afrika
keinen kaviar
isst

der charmeur

das wetter ist schön hier
aber Du bist noch schöner
drum bleibe ich bei dir
und pfeif auf den döner

aufgeschlossener kannibale

nur noch fleischlos!
nur noch fleischlose!
nur noch vegetarier!

im asiatischen take-away

nazi göring
hörte *er*
immerzu
von der theke her
alle bestellten dort
nazi göring

ein reiskorn blieb ihm
im hals stecken
er räusperte sich

da erneut
nazi göring
» hört das denn nie auf? «
schrie er durch die bude

»wie bitte?
ach so: nasi goreng!«

ungeschickt

er
verschluckte
sich
da war er
weg

rufer in der wüste

weiche
sand
weiche!

weiche
sand
weiche!

weiche
sand-
wich!

fast-food

als
alice
ins
gras
biss
blieb
kaum
zeit
fürs
kauen

radionews

» täglich
rafft
der hunger
400 menschenleben
dahin
in äthiopien «

ich
in der küche
höre dies
und raffle
40 äpfel

kurliges

in indien

in einem baumhaus am ganges
in der mitte des ganges
war ein streit im gange

nur kurz
nicht lange

kleines erste-hilfe-einmaleins

augen
sand
tropfen

hand
feuer
salbe

kopf
stein
pflaster

luftibus

ein leben lang
durch winde gehüpft
verwehte liebesworte
zu erhaschen

nicht ganz dicht

» dichter nebel «
dichtet der dichter

» noch dichter
frisst lichter «
dichtet der dichter

» dichter, immer dichter
ich fresse stets dichter «
dichtet der nebel

kontaktanzeige

linse

sucht

auge

für

gelegentliche

kontakte

klagelied einer anämischen pfütze

blutlachen
haben
gut lachen

oberflächlich

dieser text
ist
oberflächlich
sehr oberflächlich
sogar
äusserst oberflächlich
auch
wenn er
allmählich
in die
tiefe
des blattes
abtaucht
bleibt er
oberflächlich
sehr
sogar

der massenmörder

» ein massenmörder geht um! «
schreit die masse
» ein massenmörder! «

» ach, wie ich das hasse! «
spricht der massenmörder
und mordet die masse

rekord

die leiche

in halle sieben

konnte die luft

am längsten anhalten

deutschunterricht für neandertaler

an der tal?
nee!

nicht
an der tal:
an dem tal
oder
am tal

nicht
an der tal
nee, nee

militärische weisheit

echte
schlafmützen
sind
schlechte
scharfschützen

eines tages im marzili*

im solarium der sonne
liegen
ausgebreitet
menschenhäute
von weiss
über gerötet
kupferbraun
bis schwarz
wild durcheinander
so weit die wiese reicht

welch schönes glück!
denkt ein gerbermeister
der des weges kommt
und ordnet die häute kundig
dem farbton nach

* zentraleuropäisches freibad

sandkastengeneral

krieg
krieg
krieg
krieg
krieg
ich
endlich
frieden

die weltgeschichte

sonnenaufgang
sonnenuntergang
sonnenaufgang
sonnenuntergang
sonnenaufgang
sonnenuntergang
sonnenaufgang
sonnenuntergang
sonnenaufgang
sonnenuntergang
sonnenaufgang
sonnenuntergang
sonnenaufgang
sonnenuntergang
sonnenaufgang
sonnenuntergang
sonnenaufgang
weltuntergang

quartiergeschwätz

ein
ungleiches
paar

murmeln alle

ein
ungleiches
paar

schuhe!

godi dichtet

dies ist ein gedicht!
ihr glaubt mir nicht?
dochdoch, es ist wahr!
ein bescheuertes zwar
doch schaut auf den reim!
was sonst soll es sein?

billig-kryonik-firma wirbt

tief
kühlt
ruhe

beziehungsweisen

die agnose

dein herz ist starr
deine augen sind kühl
deine hände so nicht zärtlich

der arzt hält dich für tot

wenn Du mich fragst
hast Du dich nicht verändert

ein fischer und seine frau

wenn Du hoffst
ich sei weg
wenn die türe knallt
vergiss nicht:
nie würde ich dich verlassen
ohne
einen angelhaken
in deinem herzen
zu lassen

höhlenforschersex

als sie sich liebten
fand er ein grosses höhlensystem
das weit ins innere führte
und kaum mehr den ausgang

afterhour

gekrümmt hockst Du da
hast einen sitzen
lügst mich nonstop an
mit deinem klirrenden schweigen

die luft ist ein stacheldraht
überall ja nicht anfassen

ich lasse einen fahren
und verdufte auf meinem drahtesel

der liebesbeweiser

aus liebe

zur sau

isst er

pferd

aus liebe

zur frau

schlägt er

gerd

zurück am tatort

Du hast mir einen kuss gestohlen
    und mir den kopf verdreht

Du hast mich um meinen verstand gebracht
    und mir schlussendlich das herz gebrochen

nun stehst Du reuig auf meiner matte
versprichst, alles wieder gut zu machen

aus gerechnet

ausgerechnet
der mathematiker
verrechnete
sich
als
er
an
silvester
auf
dich
zählte

nichts mehr zu verlierer

morgen!
morgen frage ich sie
nun ich will's wissen
morgen geh ich zu ihr
ich schütte mein herz aus
mitten auf ihren tisch
» schöne bescherung «
wird sie sagen
morgen
und dann frage
ich sie morgen
frage ich
ob sie
meine frau?
frage ich sie
morgen

nun wo ich krebs

begegnung

Du hast mich getroffen
als ich gesoffen
mitten ins herz
Du hasst mich besoffen

one-night-stand

eine nacht lang
stand ich
auf dich wartend
unter deinem fenster

die vier jahreszeiten

dein lachen
ist mein frühling

deine wonne
mein sommer

dein flüstern
ist mein herbst

deine kalte schulter
mein winter

routiniert

schliess bitte die türe hinter dir
wenn Du mich nun verlässt
und ruf abends sonja zurück

falls wir uns nie wieder sehen:
vergiss nicht den arzttermin
am zwölften
und mutters geburtstag
ende monat

der verständnisvolle

Du sagst, Du kannst nicht mehr
und ich verstehe das sehr gut

Du sagst, Du hast die nase voll
Du, ich kann dies gut nachvollziehen

Du sagst, Du hältst es nicht mehr aus
dass ich immer so verständnisvoll bin

hör mal:
niemand begreift das besser als ich

woeigentlichistdeinefrau?

spatzi
spaziert
mit waldi
im wald

lappi-end

er
am boden
fliesst in blut aus

daneben
das telefon
hüpft wie wild

am hörer
sie
endlich bereit ihn zu sprechen

schicksale

der turner in der urne

49 jahre lang
ersehntest Du
das jubiläumspokälchen
für
» 50 jahre vereinsmitgliedschaft «

nun steckst Du da
ganz aufgelöst
in einer prächtigen grossen urne

von freude keine spur

lospech

ich kaufte ein
arbeitslos
und zog
arbeitslos

ich kaufte ein
kinderlos
und zog
kinderlos

ich kaufte ein
heimatlos
und zog
heimatlos

ich kaufte ein
trostlos
und zog
trostlos

nachruf auf einen heidiland-politiker

ein leben lang
im keim
zementierte er

am ende
im heim
dementierte er

klappe, die letzte

totenstarr
wie er da lag
konnte man
seinen mund
nicht schliessen

der roos paul
war
halt
sein
leben
lang
ein
grossmaul

vom sehen und gesehen haben

dank
der neuen brille
kommt mir
die realität
gestochen scharf
entgegen
und schneidet
meine augen

sensemänner

lange wartete der
alte mann an der sense*
auf den
sensemann
und als dieser
endlich
mit einem hochwasser
kam
kreuzten die beiden ihre sensen
und
ritten auf der flut
bis wo
die wasser
nichts zu suchen haben

* *mitteleuropäischer fluss*

holzweg

ich
geh
gerne
auf
dem
holzweg

beton
geht
so
schnell
in
die
knie

archäologischer fund

hieroglyphe   hieroglyphe   hieroglyphe

hieroglyphe   hieroglyphe   hieroglyphe

hieroglyphe   hieroglyphe   hieroglyphe

hieroglyphe   hieroglyphe   hieroglyphe

hieroglyphe   hieroglyphe   hieroglyphe

hieroglyphe   ire + röfe   hieroglyphe

hieroglyphe   hieroglyphe   hieroglyphe

hieroglyphe   hieroglyphe   hieroglyphe

hieroglyphe   hieroglyphe   hieroglyphe

hieroglyphe   hieroglyphe   hieroglyphe

hieroglyphe   hieroglyphe   hieroglyphe

hieroglyphe   hieroglyphe   hieroglyphe

hieroglyphe   hieroglyphe   hieroglyphe

auf frischer tat

wie?
mir geht's gut
sehr gut sogar
nein
ich bin nicht traurig
überhaupt nicht
im gegenteil
ich bin in form
sehr sogar
was meinst du?
die tränen?
ach, stimmt
ich weine ja

der mann im schrank

der mann im schrank
sprach » schrankstehn macht krank «
tat sonst keinen wank

der mann im schrank
war schon ziemlich schlank
als er plötzlich tot auf den schrankboden sank

der mann im schrank
hiess frank
und er stank

DubiDu

wellness

deinen
wogenden
küssen
schwimme
ich
häute
mich
dir
wund
entgegen

vollmondmund

hell
betrittst Du
die bühne
der nacht

hoch und rund

raubst schlaf
schenkst träume

vollmondmund
ich heule dich an
senke deine lippen
nieder auf mich
und lass sie feurig
auf mir ruhn

liebesakt

necke
meinen
vordergrund
weg

wecke mich
in
meiner
tiefe

lecke
meine
fallen
blank
und
decke mich
in
dein vertrauen

neue rechtschreibung

alles ist klein

nur

Du

ist gross

denn

Du

bist gross

DubiDubiDubistgross

sms an eine ohnmächtige

    komm
      zu
     dir

    dann

    komm
      zu
     mir

mutprobe

traust Du mir?

traust Du mich?

traust Du dich?

die fremde im zug

ich
hätte
ihr
gerne
» I love you «
gesagt

doch

wir
sassen
im
ruheabteil

schwachstromcasanova

nimm mich
nimm mich jetzt

aber gib mich
zurück
nachher

was wäre ich
ohne mich

floristin

ich traf dich nie
weil ich keine blumen kauf
ich immer durch wiesen lauf
deswegen
lernte ich dich
nie kennen

weicher mund

weicher

mund

durchbrach

die

wolken

mir

ins

herz

geküsst

dienstag abend

hast Du
wenn Du kommst
schon gegessen

wirst Du mich
falls Du noch nicht hast
lieben

tierisch

der seitensprung

ein känguru, sehr elegant
war's, das den seitensprung erfand
als es in » tiere « (dritter band)
auf seite zwanzig (linker rand)
ins leere sprang und dann verschwand

parkbankidylle

hundchen
macht
männchen

herrchen
freut's
tierisch

rasenmäher

schafe
grasen
schafe
rasen

mäh!

die wende

lange blieb die blattlaus
auf der schattenseite des lebens
stecken

als eines tages ein wirbliger wind kam
wendete sich das blatt

in der pfütze

schnürsenkellos
war der schuh
und mit loch
durch das ein wurm
ins innere kroch

der schuh
schnappte zu
sagte dank
schlang sich den wurm
durch die ösen
und ging des weges

katzenpoesie

ein
satz

noch ein
satz

und noch ein
satz

von der
katz

für die
katz

flügge

als die
geflügelschere
durch die luft
flog
machte sie
einen abstecher
in karl

ästhetik

das silikonhöckerkamel
in der wüste
war das schönste
je verdurstete
tier

innenhofgespräch

spatz
pie!

physiker
wie?

spatz
piepie!

physiker
wiewie?

spatz
piepiepie!

physiker
πππ!

zugvogel

vogel
im zug
richtung
süden

allzu mensch

moderner freidenker

frei
frei
frei

wann
hab
ich
endlich
wieder

frei
frei
frei

idol

Du
machst
dir
was
vor

ich
mach
es
dir
nach

redensart

der
abfall
fällt
nicht
weit
vom
mann

der aufrechte gang

weckergehämmer
auf allen vieren aus dem bett

kaffeehammer
aufrecht zur arbeit

arbeiten bis am abend

bierhammer
auf allen vieren ins bett

der trend

in
sein
ist
out

out
sein
ist
in

max

bei geburt: dreitausend gramm
und einen halben meter lang

zentnerschwer sein leichnam später
auf hundertachtzig zentimeter

ohne neid ist zuzugeben
max hat was erreicht im leben

zum jahreswechsel

im
neuen
bleibt
alles
beim
alten

machtworte

macht
macht
mächtig
ohnmächtig

schönheitseingriffe

Du hast
dein mickriges herz
silikonvergrössert
das steht dir gut, Du
und das lifting
bekommt
deinen hirnfalten
wunderbar

wie wär's noch
mit etwas
ego-absaugen
und ein paar
reanimationsstössen
für deine augen?

evolution

ein mensch
ein gebildeter mensch
ein eingebildeter mensch

wahre werte

für die wahrheit
macht *er* alles
wenn's sein muss
lügen

für die liebe
macht er alles
wenn's sein muss
hassen

für die freiheit
macht er alles
wenn's sein muss
fesseln

für den frieden
macht er alles
wenn's sein muss
kriegen

nord-süd-gespräch

                                          hunger!

 wie?

                                          hunger!

wie bitte?

                                          hunger!

Du hast hunger?

                                          hunger!

ich nicht

ich mag noch bis zum

mittagessen warten

überbleibsel

fernsehnen

als Du
weg
war ich dir
nah

nun
wo Du da
ist es
weg

aufmunterungsversuch

aus nichts
entstand
das universum
aus toter materie
leben

wieso
soll nun gerade
aus dir
nichts
werden?

wenn ich

wenn ich wüsste
ob sie mich küsste
wenn sie müsste
?

die verrenkung

je länger
ich dich
liebe
umso mehr
stört mich
dass Du mich
hasst

damenzug

ich mag dich!
Du mich
irgendwie
aber später
vielleicht

okay
Du hast mich
schachmatt!

nekrophil

bin verliebt
in ne frau
von früher
verliebt
in ne tote

sie lebt
in ihren büchern
lesen darin
ist fast
lesen in mir
bodenlose vertrautheit
verliebtheit eben

wohin damit?
auf papier!

heiss geliebte

als
meine
hand
dich
endlich
berührte
verbrannte
an
dir
meine
lebenslinie

durch die blumen

ich habe
dir
blumen gebracht
entschuldige
sie lagen
am wegrand
zu dir
lagen blumen
die
ich bringe
dir
blumen
sagen mehr als
verzeih mir
das mit den blumen

überbleibsel

das herz
das ich mir
damals
ins herz geritzt
ist alles
was ich noch
von dir
hab

ende des streites

das
letzte
wort
hat
der
letzte
mensch